U0038257

描佛・繪心・觀自在

日常手繪修行

田中ひろみ・著

前言

我出生於大阪，
喜好佛像的叔父經常帶著我到附近的奈良或京都參佛。
小時候只是仰頭張望，對佛像並不感興趣。
及至成人之後，來到久違的京都三十三間堂，
面對千尊千手觀音的剎那，忽然深受震撼，在那一刻愛上佛像。
從此以後，開始四處走訪日本各地，參訪佛像。
由於許多寺廟裡的佛像禁止攝影，因此便在回家後將看到的佛像畫下來，
作畫時的我心無雜念，整個人變得沉穩又平靜。
描繪佛像稱為「描佛」，與「抄經」一樣，都是澄淨心靈的修行。
即使是不擅長畫圖的人，只要沿著書中範本的線條描繪，也能輕鬆描佛。
描佛時請使用墨筆、簽字筆或鉛筆，並依照底下的方法進行。

※畫筆顏色不侷限於黑色，亦可選用其他色彩的筆，享受新鮮感帶來的樂趣。

①描佛前請先洗手、漱口，滌淨身體，
並儘可能在打掃乾淨的地方進行。
另外，也可以藉由焚香來舒緩、平靜心情。
②雖然從哪裡開始描畫佛像都可以。但若是使用不習慣的墨筆，
不易控制的筆尖就會畫出不平順的線條。
建議先從佛像的台座等較不顯眼的下方著手，
等習慣運筆後再描畫臉部。
③最後才畫眼瞳，以及額頭中間宛如大痣的白毫。

請試著專注心神，一心一意描繪佛的身姿。
如此一來，必定能在過程中療癒心靈，使身心感到舒暢清爽。

女流佛像插畫家　田中ひろみ

目錄

佛像的基礎知識

穩重帥氣的型男佛像

美人佛像

嬌媚的佛像

魄力滿分的佛像

髮型獨特的佛像

騎乘動物的佛像

頭戴高冠的佛像

超有個性的佛像

多手多足的佛像

回首佛像

感受佛像的療癒力量

光是凝視佛像，即可讓心情沉靜並感到放鬆。
在動手描畫佛像的身姿之前，
請先從照片感受佛像的療癒力量。

帝釋天半跏像

◆東寺（教王護國寺）

俊美帥氣的佛像。
東寺的帝釋天半跏像，
堪稱美男子中的美男子佛像。
莊嚴神聖的優美形象，令人驚歎。

⇓參見本書 P. 38

圖片提供 株式會社便利堂

千手觀音菩薩立像

◆唐招提寺

唐招提寺的千手觀音菩薩，如今僅存953隻手，原本應該真的有一千隻，而且每隻手掌都繪有一隻眼睛。

⇓參見本書P.84

圖片提供 株式會社飛鳥園

佛像出現之前

佛塔

佛塔下方存放著釋迦牟尼的遺骨（佛舍利）。

菩提樹

釋迦牟尼是在菩提樹下悟道，菩提樹因此成為釋迦牟尼的象徵。

法輪

象徵佛陀的教法有如持續轉動的車輪，永遠廣布流傳。

佛足石

佛足石是有著釋迦牟尼腳印的石頭。足形之上代表釋迦牟尼存在的空間。

製作佛像

釋迦牟尼死後約500年，馬圖拉與犍陀羅開始製作佛像。

佛像最早是指佛教創始者釋迦牟尼之像。釋迦是印度釋迦王族的王子，本名為喬達摩・悉達多，又被尊稱為「佛陀」，在梵文中是「覺悟者」的意思。釋迦牟尼雖然健康長大並於十六歲結婚生子，但有感於世間老、病、死的無常而於二十九歲出家。此後自三十五歲悟道到八十歲去逝的期間，不斷向世人傳說佛法。由於初期的佛教不可崇拜偶像，因此與釋迦牟尼有關的佛塔、佛足石、法輪和菩提樹成為具像化的膜拜對象。

在釋迦牟尼死後約五百年，隨著想要仰望釋迦身姿的聲浪高漲，開啟了製作佛像的序幕。自此之後又陸續構想出各式各樣的神佛形象，製作出形形色色的佛像。現在一般所謂的佛像，除釋迦牟尼外，還包括了菩薩、明王、諸天等。

佛像可概分為四大類：①悟道成佛的「如來（釋迦牟尼的造像稱為如來）」；②

佛像的階級與種類

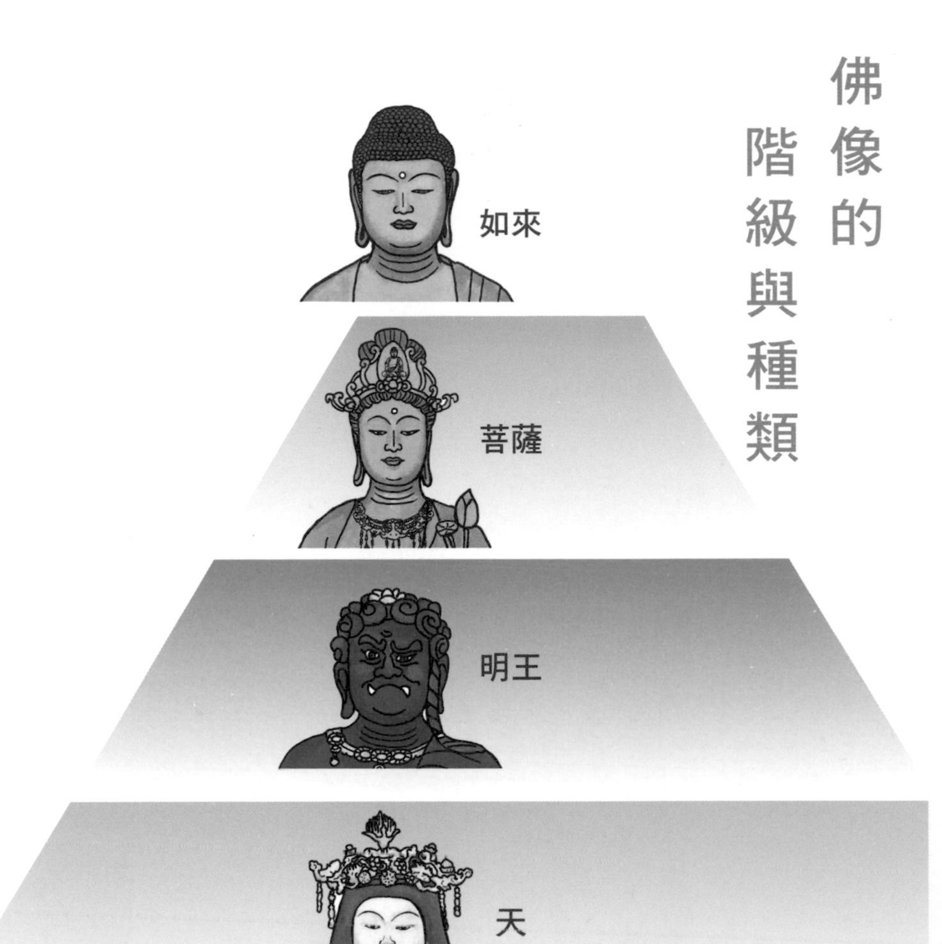

愈上面地位愈高

羅漢・祖師等

悟道成佛前，尚在修行中的「菩薩」；③表情猙獰可怕，將不遵教化者引導至佛前的「明王」；④原本是印度教之神，後來亦納入佛教的「天」。從上而下依序是：①如來、②菩薩、③明王、④天。

除了這些神像之外，釋迦牟尼的得意弟子（羅漢）、高僧之像、日本歷史上致力推廣佛教的聖德太子等也列入佛像之列。羅漢為阿羅漢的簡稱，是受尊敬的修行者，包括誓言守護佛法的十六弟子「十六羅漢」、常在釋迦牟尼身旁的五百弟子「五百羅漢」，以及釋迦牟尼的十大弟子等。高僧則有「傳教大師・最澄」、「弘法大師・空海」、達磨大師等。此外還有化身成日本各種神明救助眾生的垂迹神「藏王權相」與「飯繩權現」等也包含在佛像內。

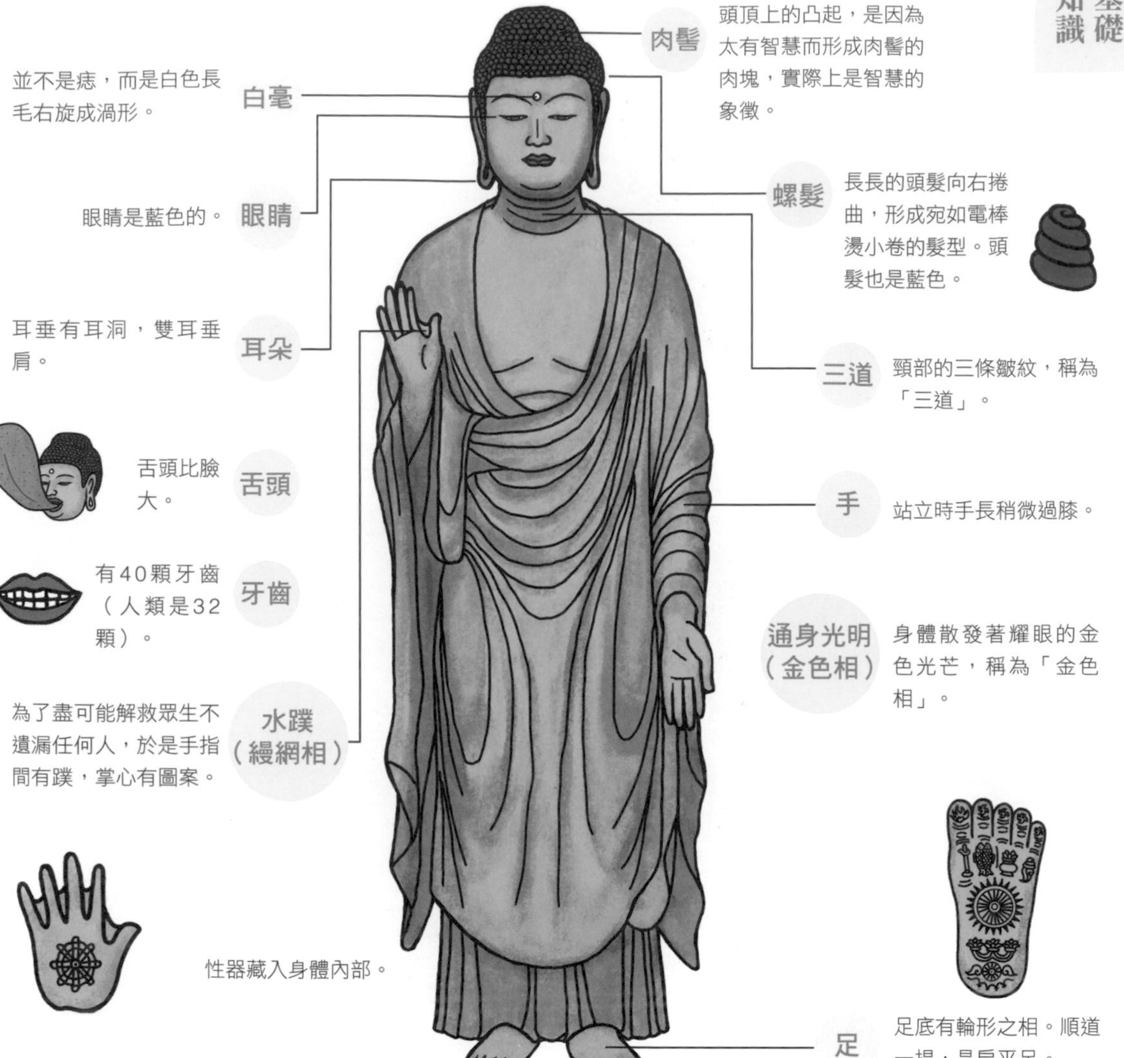

肉髻
頭頂上的凸起，是因為太有智慧而形成肉髻的肉塊，實際上是智慧的象徵。
白毫
並不是痣，而是白色長毛右旋成渦形。
眼睛
眼睛是藍色的。
螺髮
長長的頭髮向右捲曲，形成宛如電棒燙小卷的髮型。頭髮也是藍色。
耳朵
耳垂有耳洞，雙耳垂肩。
三道
頸部的三條皺紋，稱為「三道」。
舌頭
舌頭比臉大。
手
站立時手長稍微過膝。
牙齒
有40顆牙齒（人類是32顆）。
通身光明（金色相）
身體散發著耀眼的金色光芒，稱為「金色相」。
水蹼（縵網相）
為了盡可能解救眾生不遺漏任何人，於是手指間有蹼，掌心有圖案。
性器藏入身體內部。
足
足底有輪形之相。順道一提，是扁平足。

如來的特徵

悟道的如來，是佛教中地位最高的佛。頭頂有代表智慧的肉髻，長髮捲起像是以電棒燙成的小卷，稱為螺髮。眉間看起來像痣的白毫，為閃閃發光、右旋的白毛形成。為了無所遺漏的解救眾人，指間有縵網相連，像蹼一樣，謂之「縵網相」。舌頭大於臉、有四十顆牙齒，造像十分獨特。

如來的佛像，除了「釋迦如來」外，還有掌管極樂淨土的「阿彌陀如來」、解救眾生免於疾病與飢餓的「藥師如來」，以及至高無上統領眾佛的獨特存在——「大如日來」等。阿彌陀如來與藥師如來的身姿跟釋迦如來十分相似，但手形與持物不同。

菩薩的特徵

以悟道為目標，修行中的佛即是菩薩，負責輔佐如來普渡眾生。菩薩是釋迦牟尼未出家前的印度王族形貌，佩戴寶冠、項鍊等豪華飾品。菩薩的佛像中有「觀音菩薩」、「地藏菩薩」、「彌勒菩薩」等。此外，觀音菩薩還會化身成各種樣貌，如「十一面觀音菩薩」、「千手觀音菩薩」等。

明王的特徵

明王的信仰，源自佛教支派的密教，面容多是瞪大眼睛、呈現忿怒相，負責將眾生引導至佛前。明王是大日如來的化身，其中以背負火焰的「不動明王」最為知名，另外還有頭戴獅冠的「愛染明王」、騎乘孔雀的「孔雀明王」等，有許多受印度教影響而色彩濃厚、姿態獨特的佛像。

天的特徵

佛教中的「天」，是源於印度教或婆羅門教的神祇，如同日本的「八百萬神明」，「天」的姿態與所掌職司也是多不勝數。天的佛像包括了佛教的四位守護神「四大天」、釋迦牟尼的護衛「八部眾」、藥師如來的護衛「十二神將」、美與幸福的女神「吉祥天」，以及印度教濕婆的化身「大黑天」等個性豐富的造像。

持物的種類與意義

佛像手執各式各樣的物品，總稱為「持物」。佛像的持物具有各種意涵，且不同的佛像會佩戴特定的持物，可作為分辨佛像身分的一項依據。例如，藥師如來手執藥壺，壺中裝有可治療萬病的靈藥。不動明王手握可斬斷煩惱的寶劍與羂索（套索）；地藏菩薩則是拿著可實現願望的寶珠與錫杖（頂部有環的手杖）。

錫杖

頂端的環會發出鏘鏘金鳴之聲，驅趕毒蛇或告知到此托鉢。地藏菩薩與千手觀音等佛像的持物。

蓮花

出淤泥而不染的蓮花，象徵不為煩惱所干擾。觀音菩薩的持物。

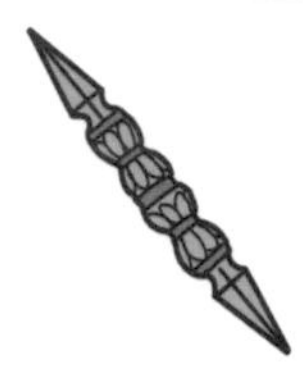

金剛杵

如金剛（鑽石）般堅硬，可擊碎任何事物，包括煩惱在內。明王與天的持物。

寶珠

滿足眾生一切願望，有求必應的寶珠。地藏菩薩與吉祥天的持物。

法輪

釋迦牟尼的教法像車輪般迅速而廣布的傳遞給世人。法輪亦是釋迦牟尼的象徵。為如意輪觀音的持物。

水瓶

瓶內裝有可實現眾生願望、取之不盡的功德水。觀音菩薩的持物。

藥壺

壺中裝有可治萬病，且用之不竭的靈藥。平安時期之後的藥師如來持物。

羂索

可作為武器抑或是救生繩搭救眾生。為不動明王、千手觀音及不空羂索觀音等佛像的持物。

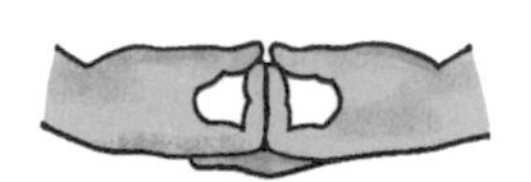

阿彌陀定印

代表「瞑想中」的另一種手印。阿彌陀如來常結此印。

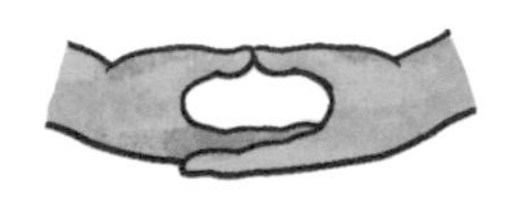

禪定印

表示「瞑想中」。胎藏界的大日如來或釋迦如來常結此印。

施無畏印（左）・與願印（右）

象徵「無需畏懼」與「實現願望」的手印。釋迦如來常結此印。

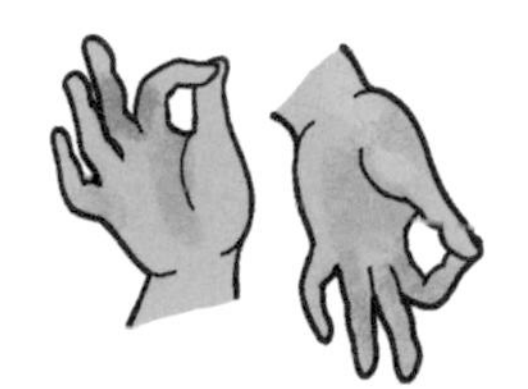

來迎印

「自極樂淨土前來接引眾生」之意。阿彌陀如來常結此印。

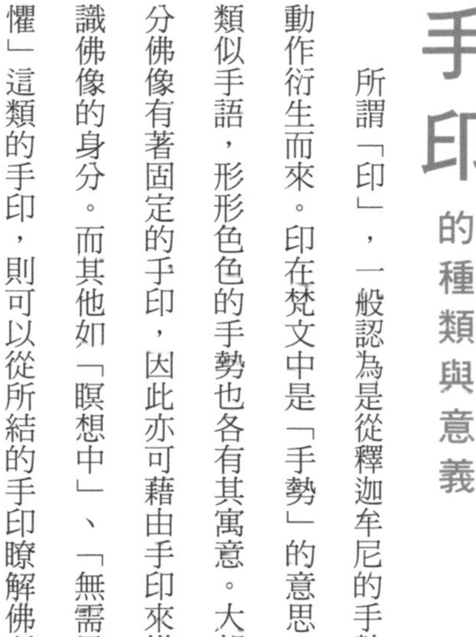

手印的種類與意義

所謂「印」，一般認為是從釋迦牟尼的手勢動作衍生而來。印在梵文中是「手勢」的意思，類似手語，形形色色的手勢也各有其寓意。大部分佛像有著固定的手印，因此亦可藉由手印來辨識佛像的身分。而其他如「瞑想中」、「無需畏懼」這類的手印，則可以從所結的手印瞭解佛所傳達的意思。

說法印（轉法輪印）

意指「說法中」的手印，象徵釋迦牟尼的教法早日傳與世人。

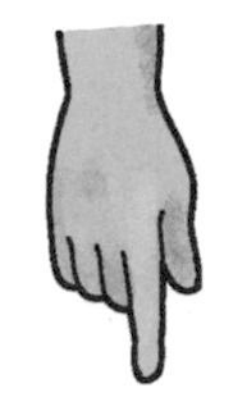

降魔印（觸地印）

「惡魔，退去！」之意。日本的佛像幾乎未結此印。

智拳印

象徵「佛的智慧」。金剛界的大日如來所結之印。

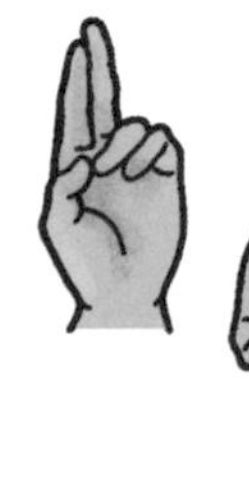

刀印

代表「以刀斬碎邪惡」的手印。伸直的兩指代表刀子。

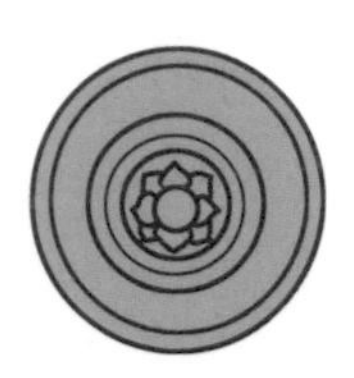

圓光

圓形的後光。古時佛像常用的光背。

輪光

輪狀的後光。地藏菩薩或吉祥天常用的光背。

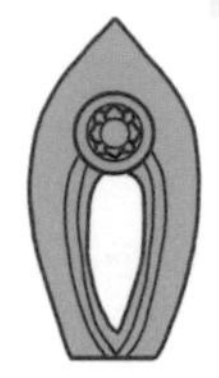

舟形光背

模仿蓮花花瓣的造型。多見於立像的光背。

光背的種類

光背又稱「後光」，為裝飾於佛像背後的光相，亦是象徵神佛通身發出光明的具體展現。最初是在頭後方裝飾一個圓圈，後來慢慢變大，並出現不同的設計樣式。從頭上發出的光稱為「頭光」，從身體發出的是「身光」，組合兩者的「拳身光」則是基本的光背造型。

兩重圓光

由頭光與圓光組合而成。大日如來常用的光背。

寶珠光

狀似前端呈尖形的寶珠。菩薩常用的光背。

飛天光

在兩重圓光的周圍飾以翩翩飛舞的天女。

放射光

呈現放射狀四散的光芒，多為阿彌陀如來或地藏菩薩的光背。

火焰光背

模擬燃燒的火焰。不動明王等常用的光背。

須彌座

仿佛教世界中心「須彌山」的造型。如來常用的台座。

裳懸座

宛如坐像衣襬由台座懸垂而下的樣式。因法隆寺金堂的釋迦三尊像為此台座而廣為人知。

蓮花座

仿造蓮花模樣的台座，也是最常見的。多用於如來或菩薩的台座。

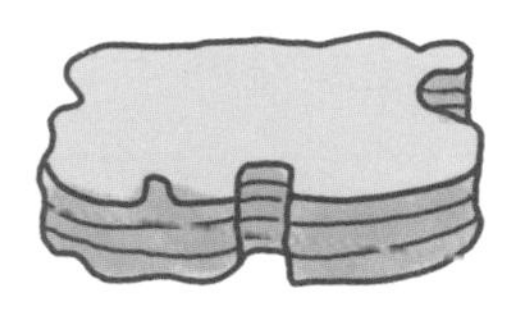

洲濱座

宛如海邊或江邊沙洲的模樣。為十大弟子或八部眾常用的台座。

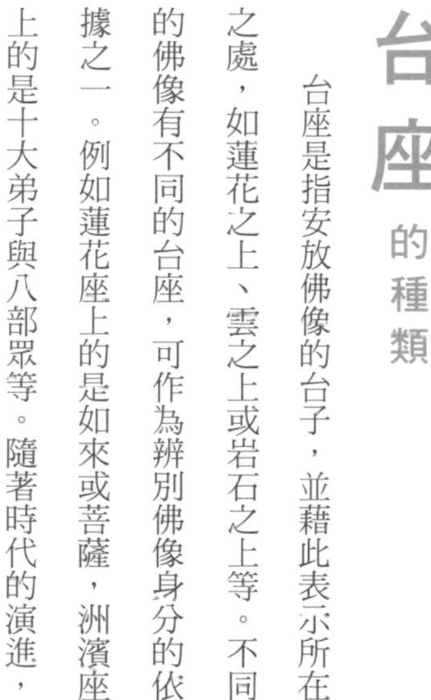

台座的種類

台座是指安放佛像的台子，並藉此表示所在之處，如蓮花之上、雲之上或岩石之上等。不同的佛像有不同的台座，可作為辨別佛像身分的依據之一。例如蓮花座上的是如來或菩薩，洲濱座上的是十大弟子與八部眾等。隨著時代的演進，台座的形式也漸漸變得多樣化起來。

磐石座

岩石造型。明工或天多為此種台座。

雲座

模擬自極樂淨土前來接引的佛所乘坐的雲。多為阿彌陀如來或菩薩的台座。

鳥獸座

設計成鳥或動物造型的台座。例如文殊菩薩的獅子、文賢菩薩的大象台座等。

瑟瑟座

磐石座的一種，由方形材料堆砌成井字狀，為不動明王的台座。

釋迦如來坐像臉部

（上野大佛）

◆上野恩賜公園（東京都）

上野恩賜公園內，緊鄰上野精養軒餐廳的「大佛山」山丘，供奉著一尊只有臉部的上野大佛，原本跟普通佛像一樣也有身體，但在歷經多次災難後，現在僅殘留佛面。

上野大佛始建於江戶時代的寬永八年（1631），最初是黏土加上灰泥的塑像。之後雖然在正保年間因地震震毀而改以青銅重塑，卻在天保年間因祝融損傷，修復後再於安政年間的地震中損壞，最後在關東大地震時震落頭部。

後來，由於無法募集到重建資金，不得不將佛頭與佛身分開保存。第二次世界大戰爆發期間，除臉部外，其餘均上繳國家以因應金屬軍需。

命運多舛的大佛只剩臉部被保存下來，因為已經「不會再落地了」（同「不落第」）而有「合格大佛」之稱，吸引眾多考生前來參拜。大大的鼻子十分突出，仔細端詳之下，面容愈看愈有味道。眉宇間的白毫也大到令人印象深刻。上野大佛是可以觸摸的，接觸之時能感受到平和的能量。

醒目的巨大白毫呈現出別有韻味的佛顏

特徵

1 白色長毛捲成圓狀，形成巨大的白毫。

2 鼻大肉厚，十分顯眼。

3 觸摸可讓心情平靜。

先來練練手，
由僅存臉部的佛像開始

銅造佛頭

（藥師如來像頭部）

◆興福寺國寶館（奈良縣）

眼神令人怦然心動的古代貴公子

提到奈良的興福寺國寶館，就會想到最著名的阿修羅像與銅造佛頭。目前安置於興福寺的銅造佛頭，原本是全身的鍍金銅像，安奉於山田寺。該寺是由蘇我馬子的孫子——蘇我倉山田石川麻呂興建，但在建造途中發生了石川麻呂疑似謀反而自殺的悲劇。因此，直到其死後三十六年，佛像才開眼供養。平安時代末期的治承四年（1180），興福寺遭戰火摧殘，寺院建物與本尊皆付之一炬，於是僧侶們就從山田寺迎回此佛像，作為興福寺東金堂的本尊。

到了室町時代的應永十八年（1411），興福寺又再次遭遇祝融之災，原本以為佛像也一併燒毀了，卻在事隔五百多年後的昭和十二年（1937），才在東金堂的須彌座下發現佛頭。

歷經曲折命運的佛頭，高挺的鼻子與優雅細長的雙眼，散發著「貴公子」的氣息。似乎凝視著遠方的眼神令人怦然心動，真想看看全身像莊嚴的樣子呢！

特徵

1 臉圓頰豐。童顏為白鳳時代佛像的特色。

2 鼻梁高挺、兩耳耳垂長。

3 上彎下直，彷彿在微笑的眼睛。

先來練練手，
由僅存臉部的佛像開始

觀音菩薩像頭部

◆大觀音寺（東京都）

位於東京日本橋人形町的大觀音寺，是一間以江戶三十三觀音巡禮的札所（寺廟）而聞名的寺廟。這一尊佛像，則是本尊為鐵製的大型佛頭。流行於鎌倉時代的鐵製佛像十分珍貴，但時至今日多數已不復存。這尊佛頭最初當然也是有身體的。鎌倉時代，源賴朝之妻北条政子創建了新清水寺，當時供奉的本尊就是這座鐵製觀音像。雖然在鎌倉時期就遭火災燒毀，但是卻直到江戶時代，才在鎌倉鶴岡八幡宮前的鐵井中發現頭部。好不容易重見天日，卻又因為明治元年（1868）為了打壓佛教而頒布的神佛分離令，險些被丟棄。所幸當時在人形町居民的協助下，利用船隻將佛像運至東京，最後安奉於大觀音寺。

魄力滿分又略顯執拗的大臉

這尊佛頭是「祕佛」，平常是看不到的，只在每個月的十一日與十七日開放參拜。雖說是開放，但因為是安放在「前立觀音像（仿祕佛製造，供人參拜的分身像）」後方的神龕內，不容易看清楚的情況下令人不禁有點焦躁。或許是鐵製的緣故，臉頰宛如乾燥的皮膚，呈現粗糙的模樣。抿起的雙唇與噴水池般的高聳髮髻，營造出高貴氣息。

特徵

1 高170公分、面寬54公分，充滿魄力的吸睛大臉。

2 流行於鎌倉時代的鐵製佛像。

3 將頭髮高高束起的髮髻。

金銅釋迦如來倚像

◆深大寺（東京都）

可愛的端正坐姿與微笑表情

深大寺是東京都內歷史悠久，僅次於淺草寺的第二古寺。這裡的蕎麥麵也很有名，為人氣寺廟之一。寺內供奉著白鳳時代的釋迦如來倚像，這在關東實屬少見。尤其又是坐在椅子上的「倚像」，更是珍貴。

此尊佛像是明治四十二年（1909）於深大寺元三大師堂的壇下發現的。被判定為七世紀末製作的佛像，但是其由來至今仍是一團謎。發現地並非白鳳文化的中心奈良，而是東京的寺廟，更是令人不解。這尊高84公分的小小金銅像，外層閃閃發亮的鍍金已脫落，目前偏向黑色，但正襟危坐的模樣十分可愛。此佛像也在二〇一七年三月，成為日本指定的國寶。

雖然是國字臉，但鼓起的臉頰顯得稚氣未脫，美麗的眉毛下有一對細長的眼睛。彎成圓弧狀的上眼瞼彷彿在微笑，十分討人喜歡。由於頭部沒有如來特徵之一——宛如小卷邊的螺髮，因而更顯年幼，線條柔和自然的垂墜衣褶，十分優雅美麗。

特徵

1 坐在椅上的珍稀倚像。
2 具有白鳳時期特徵的圓潤童顏。
3 穿著貼身的薄衣。

釋迦如來坐像

◆室生寺（奈良縣）

以指蹼解救人心的鳳眼美男子

古時候的高野山禁止女人進入，但室生寺卻允許女性入內參拜，因而有「女人高野」的別稱。面對寺中彌勒堂本尊的彌勒菩薩像時，安放於右邊的就是客佛釋迦如來坐像。這尊佛像有著高挺的鼻梁與細長的雙眼，長相俊美，也是知名攝影師土門拳曾稱讚為「日本第一美男子」的佛像。這尊使用一整塊榧木雕刻而成的木雕佛像（一木造），由於色彩脫落而露出底下部分殘留的白土，讓人更加感受其歷史悠久。最大的特徵正是光滑的頭頂，雖有肉髻卻無捲成渦狀的螺髮。

如同波浪翻滾的衣紋，稱為「翻波式」，大小波紋交錯的樣式為平安前期的雕刻特色。往腳邊看去，更可以看見漩渦狀的美麗紋路。

仔細觀察釋迦如來坐像的手，可以發現拇指與食指之間有膜相連，這個像蹼一樣的構造稱為「縵網相」，是如來像的特徵之一。意指如來以指蹼解救眾生，一個都不願遺漏。厚實的身軀穩穩地坐著，給人滿滿的信賴感。

特徵

1 高挺的鼻梁配細長的雙眼，臉龐俊美。

2 拇指與食指間有像蹼一樣的縵網相。

3 腳下有渦紋。

寶冠彌勒菩薩半跏思惟像

◆廣隆寺（京都府）

袒露上半身的優雅性感姿態

寶冠彌勒菩薩半跏思惟像是日本第一個登上郵票的雕刻國寶，並因此成為知名佛像。宛如以右手食指與中指輕輕托腮的姿態令人印象深刻，應該是在思考，如何拯救廣大眾生吧？

將一隻腳橫疊於另一隻腳的腿上，這樣的坐姿即稱為「半跏趺坐」。順道一提，兩腳交疊盤坐的姿勢稱為「結跏趺坐」。而頭頂上形如盤子的物體，其實是寶冠。流露高雅氣質的臉龐，帶著令人沉醉的溫柔微笑。

使用赤松的一木造雕刻，木紋也十分美麗。

「菩薩像」通常是指釋迦牟尼王子時期的樣貌，多半會佩戴項鍊等飾品，但這尊上半身赤裸的佛像卻沒有任何飾品。盤腿思考似乎又帶點煩惱的模樣，總覺得洋溢著莫名的性感氛圍。

也許是太有魅力了，約半世紀之前竟遭某位大學生用力擁抱，結果折斷了佛指。幸好完好如初修復的纖細手指，如今依舊美麗迷人。

特徵

1 陷入思索的煩惱模樣。

2 頭頂有形如盤子的寶冠。

3 纖細美麗的手指，彷彿輕輕一碰就會折斷。

誕生釋迦佛立像（誕生佛）

◆東大寺（奈良縣）

開朗舉起單手初生的釋迦身姿

傳聞釋迦牟尼一出生就能行走七步，以右手指天，左手指地，口說「天上天下唯我獨尊」。這尊誕生釋迦佛立像，就是呈現這一瞬間的佛像。

釋迦牟尼是出生於西元前六世紀的印度釋迦族王子，為真實存在的人物。除了這尊誕生佛之外，還有數尊刻劃其一生各時期的佛像存在。

依時序來說，首先有著釋迦母親摩耶夫人舉手欲摘無憂樹的花朵，而釋迦牟尼從右脅出生的佛像，這尊佛像描繪了釋迦牟尼正由右脅冒出的時刻。另外還有釋迦告別妻子進行斷食等修行的苦行像、向世人宣揚佛法的說法像、去世時的涅槃像等，各式各樣的佛像。

這尊圓圓胖胖的誕生佛姿態可愛，頭上已經有螺髮，稚嫩的臉上浮現明朗的笑容。彷彿在打招呼說「嗨！」的舉起右手，感覺十分親切。

特徵

1 堅定的指天指地姿勢。
2 圓圓胖胖的稚幼造型。
3 開朗的笑顏。

南無佛太子像

◆元興寺（奈良縣）

說到以孩童為形的佛像，就不得不提元興寺的南無佛太子像。這尊半裸上身、頭部光溜溜、雙手合掌的佛像，是聖德太子兩歲時的模樣。聖德太子出生於馬廄，能夠同時聽取多達七人的談話，輔佐攝政期間就開始帶領國家邁向昌盛繁榮，並且留下許多傳說軼事，這尊南無佛太子像的由來也是其中一則。

傳說聖德太子兩歲時，突然朝東合掌，當他口誦「南無釋迦牟尼佛」之際，掌中忽然出現釋迦牟尼遺骨的「佛舍利」。如今，這顆佛舍利亦作為釋迦牟尼的遺骨，供奉於法隆寺的舍利殿。

眼神銳利的聖德太子兩歲身姿

根據二〇一四年電腦斷層攝影的調查，確認了在這尊太子像的右腿內部放有五輪塔，脖子內部亦有兩封書信。正如被神格化的聖德太子，佛像的製作也蘊含了種種虔誠的心意。

這尊佛像上半身赤裸，腰部以下穿著緋色的長袴。雖然是幼兒體型，卻有著彷彿能看透人心，不像兩歲孩子該有的銳利眼神。這也隱隱展露出，傳說中聖德太子超凡入聖的一面。

特徵

1 童稚容顏，搭配不像兩歲孩子的銳利眼神。

2 圓嘟嘟的可愛體型。

3 厚實飽滿的手掌。

善財童子像

◆安倍文殊院（奈良縣）

轉身向後看的可愛童子像

奈良縣安倍文殊院的渡海文殊群像，為本尊居中的文殊菩薩騎著獅子，左右共四名侍者相伴渡海，五尊佛像都是國寶。除了維摩居士像是桃山時代的補作，其他皆出自鎌倉時代的造佛師・快慶之手。一般認為，這是重建東大寺的大佛之際，同時於東大寺的別格本山安倍文殊院製作並供奉這五尊像，作為重建大佛殿的象徵。

侍者之一的善財童子，位於面向騎獅文殊菩薩像的右側，是尊模樣討喜的立像。於《華嚴經》最終章「入法界品」登場的善財童子，原本是印度有錢人家的孩子，在文殊菩薩的佛法教導下醒悟，開始四處參訪各式各樣的人。這些無名人士中也包含妓女在內，但他從中發現，無論是什麼樣的人，都有各自的優點。之後又拜訪了五十三位善知識（正直有德，能教導人走上正道者），最後在普賢菩薩的開導下開悟。善財童子在某種意義上，可說是菩薩行的理想典範。

圓嘟嘟的可愛臉龐，似乎正一邊向後看顧，一邊引領其他三名侍者前行。

特徵

1 圓嘟嘟的童顏。

2 雙手合掌，一邊回頭看，一邊向前行的可愛模樣。

3 鎌倉時代造佛師・快慶的作品，散發躍動感。

美男子佛像

阿修羅像

◆興福寺國寶館（奈良縣）

引發少女心萌動的纖細美少年

阿修羅原本是印度神話中的好戰之神，通常面露凶惡表情，但興福寺的國寶級阿修羅像卻是迷人的美少年，或許是因為下令製造的光明皇后是女性吧？宛如偶像的面容深受女性喜愛，因而成為著名的佛像之一。

阿修羅與帝釋天曾於「修羅場」展開激戰，後人便把激烈爭鬥或競技的場所稱為修羅場，阿修羅好戰的程度由此可見一斑。開戰的導火線是帝釋天搶奪了阿修羅的女兒為妻，阿修羅也因此戰役落入六道之中，人間道與畜生道之間的修羅道。之後在釋迦如來的教導下成為佛教守護神，名列「八部眾」的一員。

擁有三個頭、六隻手臂，即「三頭六臂」。臉部與身體殘留著些許紅色塗料，手中無任何持物，但亦有推論之前可能握有日輪、月輪、弓與箭。勻稱的體態與生動的表情是最大特色，被譽為天平雕像的代表。正面是清麗的美少年模樣，朝左是欲泣的表情，朝右即使是略帶冷酷的表情，依然魅力不減。

特徵

1 仍帶有一絲天真的稚嫩美少年臉孔。
2 纖細易碎般的六隻手臂。
3 裙裳上的圖案是只在極樂世界綻放的寶相華。

帝釋天半跏像

◆東寺〈教王護國寺〉（京都府）

騎乘白象 而非白馬的 美男子

京都的東寺講堂，將大多以繪圖形式表現的「曼荼羅」轉化成立體的世界。以大日如來為中心的五智如來開始，左右分別陳列了五大菩薩與五大明王等，共計二十一尊佛像，醞釀出莊嚴肅穆的氣氛。其中，國寶帝釋天坐像的姿態尤為美麗。有日本第一美男子佛像稱譽的帝釋天，原本是印度教的戰神。因搶奪阿修羅之女為妻，不斷與阿修羅展開激戰。後來被當成打敗阿修羅，並讓阿修羅皈依佛門的英雄。

東寺的帝釋天騎乘於白象之上，細長的眼眸，高挺的鼻梁，根本是超越時光的現代長相。雖然身披戰神才有的盔甲，但並沒有其他重裝備，手上只握著小小的金鋼杵。頭髮梳成高高的髮髻，有如戴著帽冠的貴族。單腳盤腿坐於象上的輕鬆神態，展露了美男子的從容優雅。

此佛像雖為平安時代的作品，頭部卻是之後其他時代補作的。也因為這樣，跟其他平安時代的佛像相比，常獲得面容沉穩又美麗的評價。

特徵

1 有著細長鳳眼、高挺鼻梁，足以稱為美男子的長相。

2 姿態閒適，一派輕鬆的騎坐在大象之上。

3 散發貴族般的高貴氣質。

大日如來坐像

◆円成寺多寶塔（奈良縣）

主司全宇宙的英俊佛像

円成寺的大日如來，雙手在胸前用力結出象徵智慧、亦被忍者沿用的智拳印。在密教中，大日如來是司掌宇宙中心，最具代表性的佛。這尊大日如來坐像製作於安元二年（1176），是造佛師・運慶現存最古老的作品，當時年約二十五歲的他，還親筆留下製作銘文。現已成為國寶的佛像，供奉於朱紅色的美麗多寶塔內。

美麗的細長雙眼、優美柔和的彎眉、高挺的鼻梁……秀麗的面貌吸引了眾多女性。即使外層金箔脫落都這麼美麗，不難想像未斑駁是何等動人。

通常如來像都有螺髮，但大日如來很特別，像菩薩一樣梳成漂亮髮髻再戴上寶冠。比起螺髮，髮髻更適合美青年的形象。此外還佩戴了瓔珞（項鍊）、臂釧・腕釧（兩者皆為手鐲）等諸多裝飾，十分華麗。

富有彈性的年輕肌膚、勻稱緊實的體態無不令人陶醉。凝視正前方的神情，莊嚴又高雅。

特徵

1 細長雙眼、鼻梁高挺的現代美。

2 如同忍者手勢的智拳印。

3 頭冠、項鍊及手鐲等華麗裝飾。

穩重帥氣的型男佛像

廣目天立像

◆東大寺戒壇院（奈良縣）

以非凡眼力看透世間事的四天王之一

守護佛教中心——須彌山四方的，正是四天王。四天王原本是印度的神祇，入佛教後變成接近人間界的守護神。而東大寺的戒壇院裡，也在東西南北四個角供奉著四天王像，彷彿守護位於中間的多寶塔般。前排的持國天與增長天，兩者皆瞪大眼睛、滿臉怒氣，後排的廣目天與多聞天，則是露出凝視遠方的眼神。其中，廣目天就像是優雅的大叔型男。

所謂廣目天，是指「具備非凡之眼的人」，這尊立像亦正如其名，嚴肅的鎖著眉頭，若有所視。此外，右手持筆、左手持書卷，據說是為了將所見到的世間諸事如實記下，有幾分知識分子的味道。請注意看廣目天腳下的小鬼，嘴角似乎掛著笑意，就算被踩在腳底還是很開心，真不愧是性格扭曲的天邪鬼！

這尊廣目天立像，雖然部分顏色剝落而泛白，但黑曜石的眼珠仍保持黑亮。是一尊眼睛有神，凜然又帥氣的佛像。

特徵

1 擁有能看透世間事的非凡眼力。
2 手持筆與書卷，忠實記錄天下事。
3 即使被踩在腳下還是開心的邪鬼。

四天王立像／持國天

◆當麻寺（奈良縣）

有著帥氣絡腮鬍的異國風紳士型男

當麻寺，是間傳說中將姬在一夜之間，以蓮絲編織出曼荼羅而聞名的寺院。守護在金堂須彌壇四角的四天王，是僅次於法隆寺金堂像的日本第二古老四天王像。當麻寺的四天王，每尊都留著絡腮鬍，表情平和且站姿挺拔如松，有別於後世表情忿怒並扭身威嚇的常見造型。

四尊像都經歷過後世的修補，其中持國天王保留較多原作的形象。臉部較長，散發如歷史漫畫人物般的莊嚴氣勢。但長相與服裝都是異國風，而且還是留著鬍子的紳士型男。踩在腳下的小鬼莫名露出笑容，與正氣浩然的四天王形成的落差也耐人尋味。

這尊持國天王是以「脫活乾漆（乾漆夾苧）」的技法製作，將苧麻浸於生漆後，重疊塑型，乾燥後再將裡面作為模型的陶泥黏土清空。由於大量使用貴重的生漆，因此是很耗費金錢的作法。捲曲的鬍鬚是皮革製成。不知為何製作費竟然比守護的國寶彌勒菩薩（塑像）更多錢的四天王像，真是華麗又帥氣！

特徵

1. 表情平和、站姿挺拔的罕見四天王造型。
2. 皮革製的紳士鬍鬚。
3. 異國風服裝。

美人佛像

吉祥天立像

◆淨瑠璃寺〈九體寺〉（京都府）

散發女人味的美麗與幸福女神

吉祥天為四天王之一多聞天王（毗沙門天）之妻，也是印度教中主司美麗、財富與幸福的女神，後來佛教也將其併入。吉祥天像據稱皆是以十五歲的美少女為藍本，其中法相最美、最有名的，則是淨瑠璃寺的這尊吉祥天像。面對著名的九尊阿彌陀像時，吉祥天就安放於最大中尊左側的佛龕內。

白皙水嫩的肌膚、豐滿的紅唇、小巧秀氣的鼻子，加上月牙細眉，身形雖然豐腴，手指卻很纖細。身上穿著有如唐朝貴婦人的美麗衣裳，鮮麗華美的頭冠與首飾則散發濃厚的異國風情。

或許是因為長年作為祕佛藏於佛龕內，所以至今仍保有當時的色彩，嬌豔如昔。並且宛如真人般，散發女性獨有的魅力。雖是不及一公尺的小小佛像，卻擁有讓人羨慕的存在感。

目前，除了新年一月以及春、秋天的特別公開期之外，無法輕易會見，就像是高不可攀的女明星一般。

特徵

1 連女性也深深著迷的女人味。

2 宛若唐朝貴婦人的華服與飾品。

3 優雅立於蓮花上的站姿。

伎藝天立像

◆秋篠寺（奈良縣）

洋溢費洛蒙的「東方繆思」

供奉於秋篠寺本堂的伎藝天，素有「東方繆思」之稱，是尊美麗又有魅力的知名佛像。頭部使用奈良時代的脫活乾漆技法製作，身體則是鎌倉時代的寄木造，由不同時代、不同素材組成的佛像卻渾然一體，真是不可思議。高度達兩公尺的稍大佛像，安奉在高高的須彌壇上，頭部微向左傾，與那低垂的視線相接時，不禁令人心中一陣悸動。飽滿柔軟的肩膀、豐腴的腰部，十足的女性化體態。身體微斜，單腳輕輕向前邁出，神態輕鬆安適。微張的雙唇，像是輕聲哼著歌一般。

伎藝天，是印度的濕婆在歌舞享樂時，從頭髮誕生的技藝之神。容貌秀麗，擅長樂器，直到現在依然被視為音樂與其他技藝的守護神。

伎藝天像在中國數量很多，但在日本，古老的僅此一尊。因為原本的身體遺失，究竟這尊女神是不是伎藝天也尚未明朗，更添一層神祕魅力。

特徵

1 有「東方繆思」之稱，美麗而有女人味。

2 雙唇微啟，彷彿在哼歌。

3 頭部略向左傾，看著斜下方的神情。

觀音菩薩坐像

（楊貴妃觀音）

◆泉涌寺觀音堂（京都府）

來自中國 帶著慵懶氛圍的 絕世美女

在日本，楊貴妃與克莉奧佩特拉（埃及豔后）及小野小町（平安時代女和歌詩人）並列絕世美女。由於唐玄宗過度寵幸楊貴妃導致國運衰敗，所以又被稱為「傾國美女」。這尊楊貴妃觀音像之所以會供奉於泉涌寺觀音堂，則是因為該寺的開山始祖俊芿的弟子——湛海，自宋朝帶回來的。相傳唐玄宗因思念楊貴妃，於是命人依其姿容雕塑聖觀音菩薩像。嘴角微微上揚露出笑意、鼻樑挺直，以及略帶憂鬱的慵懶狀，是這尊佛像的特色。

既然是楊貴妃，裝扮當然很華麗。頭戴華美的唐草紋透雕寶冠，胸前佩戴瓔珞（項鍊），手上拿著只在極樂世界開花的寶相華。

只不過，既然是美人，為何嘴巴四周會有鬍鬚般的黑線呢？其實，這不是鬍鬚，而是象徵口說慈悲的表現。同樣的，下巴的漩渦亦是代表微笑。泉涌寺也販售祈求變美的御守與楊貴妃觀音的肖像照。似乎還滿靈驗的呢！

特徵

1 笑容神態慵懶的優美臉龐。

2 豪華的唐草紋鏤空雕刻寶冠。

3 代表口說慈悲的嘴部黑色線條。

聖觀音菩薩立像

◆瀧山寺（愛知縣）

肌膚白皙 豐腴的鮮麗佛像

瀧山寺據傳是修驗道（日本山岳信仰受外來佛教等影響而成立的宗教）的開山始祖所建，到了鎌倉時代，源賴朝的表親寬傳上人成為本寺住持。寬傳上人為源賴朝的三周年忌，特地委託造佛師慶運及其長男湛慶製作了帝釋天、梵天與這尊聖觀音。梵天像高106.5公分、帝釋天高104.9公分、聖觀音高174.4公分。據稱這尊聖觀音是按照源賴朝的身高修造的，且佛像內部放入了源賴朝的鬍鬚（另一說是鬢邊的毛髮）與牙齒。實際以X光照射的結果，發現頭部有鐵絲吊起的小物，提高了這則傳說的可信度。

聖觀音是寄木造的雕眼像，左手持蓮花，右手輕輕扶著花梗，立於蓮花座上。嬌媚豐腴的白皙肌膚為其特色，看似塗上唇膏的紅唇，色彩鮮明的服裝，在佛像中算是另類的造型。曾於江戶末期至明治期間重新上色，所以至今仍保有鮮麗的外觀。

慶運一派的作品特色，是嬌媚的神態中又有著強健的體格，或犀利的眼神。久久凝視，似乎連內心深處都會被看透。

特徵

1 嬌媚豐腴的白皙肌膚，圓臉、長長的垂耳。

2 側看此像，體型強健且厚實。

3 據傳體內有源賴朝的牙齒與鬍鬚。

如意輪觀音菩薩坐像

◆神呪寺（兵庫縣）

慵懶斜倚 露出無聊表情的姿態

右腳斜斜疊在左腿上，微微屈著身體的神態令人印象深刻。這尊神呪寺如意輪觀音像，每年只在五月十八日開帳展示。神呪寺這名稱，乍看以為是「詛咒神的寺廟」，其實是因為寺廟坐落的「甲山」被視為神之山，所以稱為神明之寺（kaminozi），後來讀成神之寺（kannozi），最後才演變成神呪寺（kannouzi）。神呪原本的發音是zinshu，為神言之意。

神呪寺是平安時代初期，淳和天皇的第四個妃子，即後來的如意尼建造的。據稱，如意輪觀音像就是以如意尼為藍本設計。或許是因為這層緣故，佛像顯得更加貴氣，並且有一種無論男女都會受到吸引的不可思議魅力。

雖然如意輪觀音像的左右腳是交疊的，但左腳是之後補修，據推測，原本應該是垂下來的模樣。而一般如意輪觀音像較常見的姿勢，則是單腳彎曲立起的「輪王坐」。有六隻手臂，其中三隻手分別拿著如意寶珠、法輪（輪寶）及蓮花。表情慵懶、身體斜倚著以手肘頂住膝蓋，顯得格外婀娜動人。

特徵

1 斜倚身子坐著的嬌媚姿態。
2 慵懶且略帶無聊的表情。
3 有六隻手臂，以指尖轉著法輪。

水月觀音菩薩半跏像

◆東慶寺水月堂（神奈川縣）

凝望水中月影的苦悶眼神

鎌倉的東慶寺曾是尼姑庵，以「緣切寺（切斷姻緣之意）」聞名。供奉於水月堂的水月觀音菩薩半跏像，是一尊必須事先預約才能參拜的佛像。輕鬆倚靠岩石而坐的水月觀音，姿態優閒又美麗。

這種沒有盤腿的坐姿稱為「遊戲坐」，凝視著映照於水面的月亮姿態，這些在觀音像中都很珍稀。中國宋朝時期的水墨畫，描繪過這樣的坐姿，也製造了不少的佛像。在鎌倉，則是鎌倉時代至室町時代之作。

低頭望著水面的身姿，優雅的彷彿從畫作中走出來。背後的輪形「光背」正如月亮，飄盪著神祕的氛圍。身上穿著呈現和緩波浪紋的衣飾，有如天女般。右手手持含苞待放的蓮花，看似拿著麥克風般。若是可以，真想把蓮花換成麥克風，一起高唱卡拉OK。

柔和勻稱的臉孔，被視為「鎌倉美女」的代表，另外也有幾分韓星美少年的味道，靚麗得令人驚歎。

特徵

1 嬌媚的坐姿。

2 拿著宛如卡拉OK麥克風的蓮花。

3 後世補作的寶冠，有著可愛的垂飾。

伐折羅大將立像

◆新藥師寺本堂（奈良縣）

怒髮衝冠、齜牙以示威嚇的忿怒相

在新藥師寺的本堂，有十二尊負責守護的神將，環繞著本尊藥師如來。這十二神將也象徵藥師如來的十二個大願。其中人氣最高的，便是這尊伐折羅大將。怒髮衝冠、大大張著嘴齜牙威嚇，深深皺著眉吊眼直視……這副表情，可說是名副其實的忿怒相。拔劍出鞘的姿勢，像是在恫嚇不得靠近藥師如來。

伐折羅的梵文是Vajra，意指「金剛」，也就是鑽石。但是，本尊的國寶指定名稱卻與寺廟稱呼不同，定為「迷企羅大將」。

雖然如今整尊神像都已泛白，以前卻是色彩絢麗的鮮明模樣，細看可見舌頭、牙齦、頭髮、盔甲等處留下的少許顏色。據說，由於伐折羅大將的姿勢太過奇特，於是後人便將外觀奇特的人稱為「Basara（即伐折羅的日文發音）」。

渾身充滿怒氣的模樣，令人忍不住想問「為何如此忿怒？」仔細觀看，眼珠是當時貴重的玻璃珠，顯得炯炯有神。似乎光是眼神就足以壓制對手呢！

特徵

1 彷彿正在威嚇著什麼，張力十足的忿怒相。

2 連指頭都充滿力道的展現怒氣。

3 華麗的石帶（腰帶）上，有著花朵般的紋飾。

深沙大將立像

◆金剛峯寺高野山靈寶館（和歌山縣）

打破常規的超肉體美與凶惡神態

雙眼圓睜，張大嘴巴彷彿能夠聽到那一聲「喝哈——」的高聲叱喝。凶神惡煞的表情，加上胸前裝飾的骷髏頭、纏著蛇的手臂、腹部浮現童子臉、膝蓋還冒出大象頭……造型如此奇特有個性，教人一眼難忘的，正是金剛峯高野山的深沙大將。

當《西遊記》中的唐三藏，即玄奘法師前往天竺取經，途中倒臥於沙漠時，就是這位深沙大將自土中現身，成為三藏法師的護法神。竟然能以象頭作為護膝，不難想像其身形該有多巨大。胸前的骷髏也有意義，據說是三藏法師七個前身的頭蓋骨。至於腹部為何有人臉，則是眾說紛紜，在中國有一說是深沙大將擄獲的童子臉孔。

無論如何，最令人震撼的，莫過於那厚實胸膛與緊實腰線的超肉體美。此外，手掌張開、腳往前跨半步的姿勢，宛如歌舞伎的「暫」。近年來已確認成對的執金剛神立像是快慶作品，推測這尊深沙大將像也是出自快慶之手。

特徵

1 肌肉發達的超強健體格。

2 手臂纏蛇、頸上掛著骷髏頭項鍊，雙膝以象頭為護甲。

3 散發躍動感的飄揚柔美天衣。

金剛力士像（仁王像）

◆東大寺南大門（奈良縣）

手執最強武器金剛杵的哼哈力士們

這是手執最強武器金剛杵，分別立於東大寺南大門左右兩側的金剛力士像。正面朝向南大門來看，右邊是吽形像、左邊是阿形像，這兩人一組的力士，高約8．4公尺。阿形的「阿」是梵文的第一個音om，吽形的「吽」是最後的音hum，象徵法的開始與結束。

這對金剛力士像，是由活躍於鎌倉時代的造佛師運慶與快慶指揮製造的。阿形像是兩大佛師的聯手作品；吽形像則是由運慶之弟定覺，與運慶長子湛慶的年輕組合為中心，帶領十四至十五人的團隊，於短短的兩個月內分別製作完成。這二尊由最具時代代表性的造佛師不眠不休完成的金剛力士像，有著強而有力的發達肌肉，栩栩如生。

只是就整體平衡感來說，臉部顯得特別大，或許是基於由下往上望的距離考量吧？正因為臉部較大，即使是強調肉體美的姿態，卻莫名帶有一種可愛感。披在兩肩的天衣及髮髻上的髮帶迎風飛舞、衣襬飄動，既動感又帥氣。

特徵

1 超過八公尺的巨大健美身形。

2 成對的哼哈力士，特有的阿．吽表情。

3 髮髻上迎風招展的髮帶與天衣。

釋迦如來立像

◆清涼寺〈嵯峨釋迦堂〉（京都府）

體內擁有內臟的生身釋迦像

釋迦牟尼在三十七歲時，因為要向在天界忉利天生活的亡母摩耶夫人說法，一度從人間消失。無法見到釋迦牟尼的古印度優填王十分傷心，於是命人仿造釋迦塑像。傳聞清涼寺的釋迦如來立像，就是複製這尊佛像，並由東大寺的僧侶帶回日本。

由於是完全仿造三十七歲的釋迦牟尼身形，因此又名「生身釋迦如來」的佛像內部，放入了絹製的五臟六腑，有心臟、肺、腎臟、胃、肝臟、膽囊、腸子等。其中，製作腸子的布料，是看起來像是青蛙卵的白底黑點，有點奇妙又有點可怕。

最驚人的一則傳聞，則是當佛像完成時，佛像的牙齒竟然流出血來，由此證明是肉身無誤！

這尊佛像不是螺髮，而是宛如以繩子捲繞而成的獨特髮型。披在兩肩的衣服好像濕布般貼在身上。眼睛使用黑石，耳朵裡嵌入水晶，額頭的白毫則是由銀板作成。一想到這是釋迦佛真實的模樣，就備覺感動。

特徵

1 整頭皆是如同繩子捲繞而成的獨特髮型。

2 五顏六色、奇形怪狀的絹製內臟（有展示複製品）。

3 宛如濕衣般，貼在身上的服裝。

制多迦童子像

◆金剛峯寺高野山靈寶館（和歌山縣）

髮髻俏皮迷人 相貌凜然的少年

高野山的金剛峯寺，收藏著一組屬於不動明王麾下的「八大童子」雕像。這組佛像中平均年齡最低的團體之星，則是制多迦童子與矜羯羅童子，常見隨侍於不動明王的兩側，三尊一起供奉。

乍聽「制多迦」這個名字，感覺會是十分高大威猛的形象，其實是身高僅約一公尺的小佛像。制多迦的名字，則是源自於梵文發音 cetaka，為奴僕、奴隸的意思。

豐腴的臉頰顯得如許稚氣，但細長眉毛搭配高挺鼻梁，以及抿起的雙唇，呈現出威風凜凜的少年相貌。全身赤紅，仔細觀看，連瞳孔四周也是紅的，似乎藏有一股力量。脖頸處時髦的繫上披肩。分成五束的頭髮，結成俏皮迷人的五髻髮型。生動的身姿，不愧是出自運慶之手。

外表可愛、年齡尚淺的少年，卻已經承擔起跟隨不動明王的使者任務。右手持金剛棒、左手執金剛杵，手持武器的姿態給人十足的信賴感。

特徵

1 臉頰豐腴，卻是威風凜凜的相貌。

2 頭髮結成可愛的五髻。

3 頸部圍上時髦的披肩。

普賢菩薩半跏踏下像

◆五百羅漢寺本堂（東京都）

梳痕線條分明全後梳的油頭

羅漢是指釋迦牟尼的弟子，位於東京都目黑的五百羅漢寺，供奉了三百尊以上的羅漢像，被民眾親近的暱稱為「目黑的羅漢先生」。寺院建造於江戶的元祿時代，當時原本的雕像數量比現存的更多，共有五百三十六尊羅漢像。

本堂中央是釋迦牟尼像，羅漢們則排成左右兩排，重現說法的場景，堂內還播放著「比丘（修行僧）們啊」的釋迦牟尼說法錄音帶。

而普賢菩薩半跏踏下像，就在釋迦像的身旁。普賢菩薩常見的造型是騎乘白象、雙手合掌。這一尊則是雙手捧著展開的書卷，認真研讀的模樣。這難道是沒在聽釋迦的說法嗎？

坐姿顯得十分輕鬆。所謂「半跏踏下」是坐在椅子上，單腳垂下，另一腳則疊在垂下那隻腳的膝蓋上。左右腳交疊的盤坐稱為「結跏趺坐」，單腳盤放在另一隻腳的大腿上是「半跏趺坐」。這尊佛像既然是十分自在悠閒的坐姿，身上又只披件外衣，那為什麼要頂著全後梳的油頭呢？

特徵

1 髮型是梳痕分明的全後梳油頭。

2 輕鬆自在的坐姿。

3 雙手捧著展開的書卷，有別於一般普賢菩薩的形象。

紅頻梨色阿彌陀如來坐像

◆安養院（東京都）

坐在羽毛美麗的孔雀身上造型華麗的身姿

坐落在東京都板橋的安養院，供奉的本尊是阿彌陀像，這尊安放於佛龕內的祕佛，一次也沒公開展示過。佛龕前面為仿造本尊的紅頗梨色阿彌陀如來坐像，只要事先預約就能參拜。

雖然是總高大約只有一公尺的小佛像，但騎乘在羽毛散發金色光芒有如光背的孔雀上，顯得十分氣派華麗。身體塗成紅色，頭戴熠熠生輝的銅製寶冠，紅頗梨色的「頗梨」是指水晶，所以這尊佛像又稱作紅水晶色的阿彌陀如來。

阿彌陀如來像原本是不佩戴寶冠與項鍊等飾品，且衣著簡樸的，但這尊江戶時代製作的佛像，為什麼會呈現這樣的造型呢？請教住持之後，得到的回覆是：「此為密教本尊大日如來化身的阿彌陀如來。」頭戴寶冠的如來只有大日如來，所以這個回答的確說得通。

身上的衣裳是把金箔切成細絲貼飾的「截金紋樣」，寶冠以銅板透雕而成。在參拜身軀火紅充滿魄力、佛相莊嚴凜然的阿彌陀如來時，感覺祂似乎正注視著自己。

特徵

1 完全展開耀眼羽毛的孔雀。

2 宛如紅水晶色的通紅身軀。

3 銅板製的透雕寶冠。

大威德明王像

◆真木大堂（大分縣）

坐於水牛之上 充滿野性氣息的 明王

大分的國東半島以宇佐八幡宮為中心，發展出佛教與修驗道等獨特的「六鄉滿山文化」，在這塊土地上聚集了眾多寺院，真木大堂便是其中之一。

真木大堂供奉著九尊佛像，雖然每一尊均為藤原時代的傑作，但其中仍有一尊特別珍稀。這尊騎在白色水牛上的大威德明王像，有六張臉、六隻手與六隻腳，齜牙咧嘴的忿怒相，張力十足。像高241公分，號稱日本第一大的大威德明王像，即使單就動物木雕來說，也不易見到如此巨大的。

大威德明王的梵文是Yamantaka，意指「死亡的征服者」。六張臉是為了觀察六道，六隻手臂分別持握不同武器，六隻腳代表持續修行六波羅蜜的決心。至於騎乘水牛，是因為水牛能在淤泥中來去自如，象徵不畏懼所有的障礙，自由走動之意。

熊熊燃燒的火紅火焰光背、巨大的水牛等，充滿狂野氣息的表現令人震撼。想必不論身在何處，這位明王都會騎著水牛，透過多隻手腳守護眾生吧！

特徵

1 六張臉、六隻手與六隻腳。

2 不怕障礙，自由穿梭的大水牛。

3 位於正面的雙手豎起中指，結「壇陀印」。

彌勒菩薩坐像

◆醍醐寺（京都府）

佩戴高冠與項鍊的華美形像

醍醐寺的彌勒菩薩坐像，眼睛半閉，臉龐俊美，飽滿的肌膚顯得年輕有彈性，美得令人讚嘆。讓人忍不住猜想「若是生在現代，會不會變成模特兒呢？」提到彌勒菩薩，腦海中浮現的就是廣隆寺那尊單腳上盤、單手指頰的沉思狀彌勒。而醍醐寺的彌勒則是有別於此，端正的禪定坐姿，頭戴高冠與豪華瓔珞（項鍊），法相高貴。手上的小五輪塔，為後世整修時補作。

不愧是造佛師快慶前半期的代表作，圓潤精美到無可挑剔，令人深深著迷。

彌勒菩薩是真實存在的人物，誕生於南印度的婆羅門貴族家庭，當時釋迦牟尼還未離世。彌勒被選定，會在釋迦牟尼死後的五十六億七千萬年成為如來，所以彌勒菩薩不是穿天衣，而是穿著如來般的衣服。

五十六億七千萬年，這麼漫長的歲月，不知道有沒有經過當事人同意？

或許是既定的時刻還要很久，彌勒菩薩的表情看起來悠然自得，一派從容。

特徵

1 稱得上是美男子的俊美臉孔。

2 清澈水潤的水晶材質玉眼。

3 以金箔細工鑲嵌的華麗蓮花台座。

兜跋毘沙門天立像

◆東寺〈教王護國寺〉（京都府）

身穿盔甲的帥氣陽剛裝束

東寺寶物館內的兜跋毘沙門天立像，是一尊穿著時髦長大衣的佛像。平安時代安奉於羅生門上，守護平安京。「兜跋」有一說認為是古國名，但實際上有何意義則是眾說紛紜。

看似長大衣的服裝，其實是稱為金鎖甲的盔甲，頭上戴著四個面的高冠，正面裝飾著鳥的圖案。手臂護具是狀似蝦背圖案的「海老籠手」。怒目圓睜的瞪視，腰間是點綴獸臉的腰帶，還戴著耳環，一身搖滾歌手般的帥氣裝扮。身高約189公分，媲美運動員的身高與突顯長腿的高腰，展現了出類拔萃的體型。

身為四天王之一，單獨出現時稱為毗沙門天，與四天王一起時則稱呼「多聞天」，負責守護北方，也是七福神中的財福之神。

此外，四天王一般是腳踩邪鬼，但這一尊是地天女以雙手撐住兜跋毗沙門天，天女左右側是尼藍婆與毘藍婆兩邪鬼，這是與一般的毘沙門天差異最大的地方。

特徵

1 長盔甲、四面寶冠、獸面腰帶等陽剛裝束。
2 瞪大向上吊的杏眼。
3 地天女用細細的手臂撐起兜跋毗沙門天。

超有個性的佛像

寶誌和尚立像

◆西往寺所有・京都國立博物館保管中（京都府）

從裂開的臉窺見另一張臉的不可思議佛像

從裂開的臉部露出了另一張臉，這尊讓人心頭一驚、有如昆蟲蛻皮般不可思議的造像，就是目前委託保存於京都國立博物館的寶誌和尚立像。

造型奇異又帶點恐怖的佛像，是寶誌和尚正在揭開自己的臉皮，露出十一面觀音的真面目。仔細看就能發現，裂縫中的另一張臉，已經化佛成為十一面觀音。在臉部中央出現的觀音像，就某種意義來說極為珍貴。此佛像可是製作於千年以前的平安時代，那時竟有人能想出如此奇特的造型，真是令人嘆為觀止。

佛像的原型寶誌和尚，為中國南北朝的高僧，傳說擁有超能力。他留下了諸多傳聞，例如吃進肚裡的魚會復活、就算不吃飯也不會覺得餓等。唐朝時期有十一面觀音化身的信仰，因此才會留下這麼不可思議的作品吧？

採用「鉈雕」技法，藉由刻意於表面留下雕鑿痕跡的手法，表現出顯現於靈木上的佛之姿態。

特徵

1 可以從裂開的臉孔，窺見露出的十一面觀音像。

2 採用刻意留下鑿痕的「鉈雕」技法。

3 顯得瘦小的狹窄肩寬。

五劫思惟阿彌陀如來坐像

◆五劫院（奈良縣）

髮型五官皆福相的阿福羅頭佛像

五劫院的本尊——五劫思惟阿彌陀如來，頭上頂著茂盛的螺髮，髮型十分稀奇。由於一直在思索「該如何作才能拯救眾生」，結果長時間思考的同時，頭髮也不斷生長，最後就成了暱稱「阿福羅佛像」的造型。究竟是花了多長的時間思考，才變成這款髮型呢？正如名稱所示，一共經歷了五劫。一劫是每三年一次（有一說是百年一次），天女從天而降，以羽衣撫摸岩山，直到岩山磨損消失視為一劫。而五劫就是五倍長的時間，根本無法想像有多麼漫長。這典故甚至也出現在落語《壽限無》中：「壽限無，壽限無，像五劫一樣無限久。」

五劫院創建於鎌倉時代，為東大寺的末寺。投入東大寺重建的重源上人，自宋朝帶回三尊五劫思惟阿彌陀像，為安奉其中一尊而建造此寺。

髮型宛如倒扣的釜飯鍋，十分有趣。即使經過長時間思考，雙頰圓鼓鼓的童顏依然不會變老。這尊非常珍貴的佛像，只有每年的八月一日至十二日公開展示。除此之外，需要事先預約才能參拜。

特徵

1 由於螺髮太長，因而變成阿福羅頭。

2 雙頰圓鼓鼓的嬰兒臉。

3 雙手結成的定印藏於衣袖內。

空也上人立像

◆六波羅蜜寺（京都府）

宛如靈異現象般 從口中吐出小佛

宛如靈異現象般，從口中吐出小佛像的空也上人立像，是一尊出現在教科書上的著名佛像。吐出的六尊小佛像其實代表「南無阿彌陀佛」六個字，也就是將口誦的南無阿彌陀佛以視覺呈現。從口中延伸而出的鐵絲上串連著袖珍版的阿彌陀像，看起來也有點像是漫畫旳對畫框。

空也上人是真實人物，為平安中期宣揚踊念佛的僧侶，也有一說是醍醐天皇之子。所謂踊念佛，是指一邊敲擊太鼓與鉦，一邊跳著舞念頌佛經。空也上人身為開山鼻祖，因此佛像的頸項上掛著鉦，右手拿著敲擊用的撞木。一邊敲鉦一邊念佛，如此走訪諸國的日子想必十分艱辛。穿著草鞋的腳背浮現明顯的血管紋路，臉頰消瘦、疲倦拄杖的模樣栩栩如生，由天才造佛師運慶的四男·康勝所造。

手杖上裝有鹿角，腰間也纏著鹿皮。據傳是空也上人珍愛的鹿遭獵人誤殺，傷心的他於是把皮剝下纏在腰間，角則裝在杖上。

特徵

1 口中吐出代表「南無阿彌陀佛」六個字的袖珍版佛像。

2 生動刻劃了拄杖而立、臉頰消瘦、一身疲憊的模樣。

3 將心愛的鹿角裝在杖上，鹿皮纏在腰間。

千手觀音菩薩立像

◆唐招提寺金堂（奈良縣）

雖然說是千手觀音，但真正擁有一千隻手的佛像卻是十分珍貴稀有，通常都是簡略的以四十二隻手作為代表。然而，唐招提寺金堂的國寶千手觀音卻有著四十二隻大脇手，與九百一十一隻小脇手，合計九百五十三隻。而且，原本真的有一千隻手，十分驚人。高大的身軀有五公尺以上，為最古老、也是最大的木心乾漆像。所謂木心乾漆，是先製作木雕像作為胎體，疊上浸過漆的麻布之後，再塗上摻雜木屑的漆（木屎漆），最後進行細部整型。但奈良時代以後，幾乎就無法再以此手法製作了。

額頭上有第三隻眼，頭上有十一張臉，約一千隻的手都分別畫上了眼睛。所以正式名稱是十一面三眼千手千眼觀音菩薩像。

雖然被絢爛的千手包圍，但或許是臉部比例較大，增添了童稚感。且仔細觀看，還滿像卡通人物的。從兩肩到脇邊密密麻麻的手，看起來就像光背的身光一樣。同樣供奉於唐招提寺金堂的盧舍那佛坐像與藥師如來立像，也都是值得一看的大型佛像。

擁有953隻手的巨大觀音

特徵

1 四十二隻大脇手各執不同持物。

2 密集生長的九百一十一隻小脇手。

3 有著卡通人物般的可愛娃娃臉。

千手千足觀音立像

◆正妙寺（滋賀縣）

如同蜈蚣般多腳的千足觀音像

擁有許多手的千手觀音像並不稀有，但連同腳也很多隻的千手千足觀音像，在日本大概就只有供奉於正妙寺小小佛堂的這一尊。正妙寺位於琵琶湖北邊，素有「觀音里」之稱的高月町，佛堂由地方人士管理，必須事先以電話預約，才會開堂供人參拜。

千手千足觀音立像的額頭有第三隻眼，頭上有九尊化佛與大大的頂上佛。雖是觀音，但不知何故，以忿怒相凶狠的瞪著前方。正面兩隻手分別持錫杖與戟，其餘的手則是什麼也沒拿，僅僅在背後展開。腳部也是，除正中間的雙腳外，其他腳全都像展開的扇子般排列，宛如多腳的蜈蚣。這尊佛像曾在江戶時代進行修補，全身閃耀著金色，有著藍髮、鮮紅嘴巴與一口白牙。像高42・1公分，神聖莊嚴。

儘管造型奇特，但傳說是以前村中有力人士的念持佛（安置於個人宅邸或隨身攜帶的佛像），詳細來由不明。推測是平安後期之作，但為什麼長得如此不可思議，目前仍不可考。

特徵

1. 宛如蜈蚣般伸展開來的許多隻腳。
2. 雖是觀音像，卻有著稱為「忿怒相」的生氣表情。
3. 藍髮、紅嘴、白齒，全身閃耀金色。

阿彌陀如來立像

◆永觀堂〈禪林寺〉（京都府）

勉勵永觀法師「永觀，遲矣！」的阿彌陀佛

由於此處的楓紅景致十分出名，所以又有「楓葉永觀堂」的別稱，寺內供奉著一尊回首阿彌陀像。永觀堂是俗稱，正式名稱為禪林寺。

關於這尊回首佛像的由來，有一則典故如下。相傳僧侶永觀一整晚都在阿彌陀的附近走動念佛，進行嚴格的修行。未料，阿彌陀竟從佛壇下來，走在前面引領他修行，接著回頭說了一句「永觀，遲矣！」這尊佛像刻劃的，正是阿彌陀回頭的那一瞬間。

另一則傳說則是，原本阿彌陀被視為珍寶，祕藏於東大寺。偶然見到佛像的永觀卻感嘆，這樣藏起來的阿彌陀形同與眾生隔絕，後來此事傳至白河法皇耳裡，便決定讓永觀來供養這尊佛。永觀領命背著佛像離開東大寺，東大寺的僧侶們卻追上前想要拿回佛像，但佛像緊緊黏在永觀背部，僧侶們怎麼樣都無法取下來，只好作罷。宛如一心同體的永觀與阿彌陀，難怪會有「永觀，遲矣！」的典故。

特徵

1 珍貴少見的回首姿態。

2 優雅溫柔的神情，令人忍不住想擁抱。

3 充滿慈悲與包容的柔和眼神。

回首不動明王立像

◆神照寺（滋賀縣）

扭轉身軀回望的獨特姿勢

不動明王，一般都是直立不動的姿態，但是這尊卻把劍放在肩上，右腳向前跨出一步，彷彿是舉起球棒，隨時要揮棒開跑的少見姿勢。雖然一臉怒氣，卻是有雙大眼睛的童顏。

神照寺內稱呼為「回首不動」的木造像，為淺井長政的念持佛，當小谷城遭攻占時運至神照寺。雖說是回首，但不論從哪個角度來看，都是扭轉身體的模樣。這種造型的不動明王像真的十分稀有。

雙目放入玉眼、佩戴瓔珞（項鍊），這尊裝扮美麗的佛像為鎌倉時代的作品。光背的火焰以不動明王的氣勢熊熊燃燒著，搭配稚氣的圓臉，醞釀出一股奇妙的魅力。

以萩之寺聞名的神照寺，是在寬平七年（895）宇多天皇的命命下，派遣本覺大師建立，歷史十分悠久。

寺內也有另一尊直立造型的不動明王，為什麼獨獨這一尊姿勢大不同，真是令人不解呢！

特徵

1 扭轉身軀的姿勢，在不動明王中實屬罕見。

2 睜大眼睛，露出可怕表情的稚氣臉孔。

3 熊熊燃燒的火焰光背。

結語

要不要一起來描繪佛像呢？

放空繁雜的思緒，只是凝神專注的描繪佛像。

面對佛像，心情自然會慢慢沉澱。

即使是遇到不愉快的日子，只要坐下來描佛，

就一定能進入心無雜念的境地。

擔任女子佛教團體

「丸の內はんにゃ会（https://m-hannya.jimdo.com）」代表後，

我和會員一起舉辦了描佛活動。

結果獲得了「能集中精神描畫，

讓人忘了時間的存在，心情舒暢。」的好評。

如果描畫本書的佛像也能讓您平心靜氣，這將是我的榮幸。

此外，請務必實地去見見這些親手描繪過的佛像。
書中介紹佛像的所在寺院，全都整理於94頁與95頁。
綠意環繞又清淨的寺廟，是走訪一趟就備覺舒壓放鬆的去處。
寺院中的佛像，總是以溫柔或嚴肅的表情迎接我們，
並且理解我們的心緒感受。
日常的疲勞可藉由畫佛舒緩，
假日到寺廟參拜，更有療癒效果。
最後，要對閱讀本書的讀者、協助製作的編輯及設計等，
致上誠摯的感謝之意。

女流佛像插畫家　田中ひろみ

前往此處即可見到本書佛像

〔P.42〕
廣目天立像
以非凡眼力看透世間事的四天王之一
❖ 東大寺戒壇院（奈良縣）
地址：奈良縣奈良市雜司町 406-1
東大寺內
電話：0742-22-5511

〔P.44〕
四大天王立像／持國天
有著帥氣絡腮鬍的異國風紳士型男
❖ 當麻寺（奈良縣）
地址：奈良縣葛城市當麻 1263
電話：0745-48-2001

〔P.46〕
吉祥天立像
散發女人味的美麗與幸福女神
❖ 淨瑠璃寺〈九體寺〉（京都府）
地址：京都府木津川市加茂町
西小札場 40
電話：0774-76-2390

〔P.48〕
伎藝天立像
洋溢費洛蒙的「東方繆思」
❖ 秋篠寺（奈良縣）
地址：奈良縣奈良市秋篠町 757
電話：0742-45-4600

〔P.50〕
觀音菩薩坐像（楊貴妃觀音）
來自中國，帶著慵懶氛圍的絕世美女
❖ 泉涌寺觀音堂（京都府）
地址：京都府京都市東山區泉涌寺
山內町 27
電話：075-561-1551

〔P.52〕
聖觀音菩薩立像
肌膚白皙豐腴的鮮麗佛像
❖ 瀧山寺（愛知縣）
地址：愛知縣岡崎市滝町山籠 107
電話：0564-46-2296

〔P.30〕
誕生釋迦佛立像（誕生佛）
開朗舉起單手，初生的釋迦身姿
❖ 東大寺（奈良縣）
地址：奈良縣奈良市雜司町 406-1
電話：0742-22-5511

〔P.32〕
南無佛太子像
眼神銳利的聖德太子兩歲身姿
❖ 元興寺（奈良縣）
地址：奈良縣奈良市中院町 11
電話：0742-23-1377

〔P.34〕
善財童子像
轉身向後看的可愛童子像
❖ 安倍文殊院（奈良縣）
地址：奈良縣櫻井市阿部 645
電話：0744-43-0002

〔P.36〕
阿修羅像
引發少女心萌動的纖細美少年
❖ 興福寺國寶館（奈良縣）
地址：奈良縣奈良市登大路町 48
電話：0742-22-7755

〔P.38〕
帝釋天半跏像
騎乘白象而非白馬的美男子
❖ 東寺〈教王護國寺〉（京都府）
地址：京都府京都市南區九条町 1
電話：075-691-3325

〔P.40〕
大日如來坐像
主司全宇宙的英俊佛像
❖ 円成寺多寶塔（奈良縣）
地址：奈良縣奈良市忍辱山町 1273
電話：0742-93-0353

〔P.18〕
迦釋迦如來坐像臉部（上野大佛）
醒目的巨大白毫呈現別有韻味的佛顏
❖ 上野恩賜公園（東京都）
地址：東京都台東區上野公園．
池之端 3 丁目
電話：03-3828-5644

〔P.20〕
銅造佛頭（藥師如來像頭部）
眼神令人怦然心動的古代貴公子
❖ 興福寺國寶館（奈良縣）
地址：奈良縣奈良市登大路町 48
電話：0742-22-7755

〔P.22〕
觀音菩薩像頭部
魄力滿分又略顯執拗的大臉
❖ 大觀音寺（東京都）
地址：東京都中央區日本橋人形町
1-18-9
電話：03-3667-7989

〔P.24〕
金銅釋迦如來倚像
可愛的端正坐姿與微笑表情
❖ 深大寺（東京都）
地址：東京都調布市深大寺元町 5-15-1
電話：042-486-5511

〔P.26〕
釋迦如來坐像
以指蹼解救人心的鳳眼美男子
❖ 室生寺（奈良縣）
地址：奈良縣宇陀市室生 78
電話：0745-93-2003

〔P.28〕
寶冠彌勒菩薩半跏思惟像
袒露上半身的優雅性感姿態
❖ 廣隆寺（京都府）
地址：京都府京都市右京區
太秦蜂岡町 32
電話：075-861-1461

〔P.80〕
五劫思惟阿彌陀如來坐像
髮型五官皆福相的阿福羅頭佛像
❖ 五劫院（奈良縣）
地址：奈良縣奈良市北御門町 24
電話：0742-22-7694

〔P.82〕
空也上人立像
宛如佛光顯現般從口中吐出小佛
❖ 六波羅蜜寺（京都府）
地址：京都府京都市東山區五条通
大和大路上ル東
電話：075-561-6980

〔P.84〕
千手觀音菩薩立像
擁有 953 隻手的巨大觀音
❖ 唐招提寺金堂（奈良縣）
地址：奈良縣奈良市五条町 13-46
電話：0742-33-7900

〔P.86〕
千手千足觀音立像
如同蜈蚣般多腳的千足觀音像
❖ 正妙寺（滋賀縣）
地址：滋賀縣長浜市高月町西野 2025-1
電話：平日 0749-82-5909
（奥びわ湖觀光協會）
周六日 0749-82-5135
（木ノ本駅觀光案內所）
※ 需事先預約，也可向奥びわ湖觀光協會詢問預約電話。

〔P.88〕
阿彌陀如來立像
勉勵永觀法師
「永觀，遲矣！」的阿彌陀佛
❖ 永觀堂〈禪林寺〉（京都府）
地址：京都府京都市左京區
永觀堂町 48
電話：075-761-0007

〔P.90〕
回首不動明王立像
扭轉身軀回望的獨特姿勢
❖ 神照寺（滋賀縣）
地址：滋賀縣長浜市新庄寺町 323
電話：0749-62-1629

〔P.66〕
制多迦童子像
髮髻俏皮迷人，相貌凜然的少年
❖ 金剛峯寺高野山靈寶館（和歌山縣）
地址：和歌山縣伊都郡高野町高野山 306
電話：0736-56-2029

〔P.68〕
普賢菩薩半跏踏下像
梳痕線條分明，全後梳的油頭
❖ 五百羅漢寺本堂（東京都）
地址：東京都目黑區下目黑 3-20-11
電話：03-3792-6751

〔P.70〕
紅頗梨色阿彌陀如來坐像
坐在羽毛美麗的孔雀身上，
造型華麗的身姿
❖ 安養院（東京都）
地址：東京都板橋區東新町 2-30-23
電話：03-3956-0514

〔P.72〕
大威德明王像
坐於水牛之上充滿野性氣息的明王
❖ 真木大堂（大分縣）
地址：大分縣豐後高田市染真木 1796
電話：0978-26-2075

〔P.74〕
彌勒菩薩坐像
佩戴高冠與項鍊的華美形像
❖ 醍醐寺（京都府）
地址：京都府京都市伏見區
醍醐東大路町 22
電話：075-571-0002

〔P.76〕
兜跋毘沙門天立像
身穿盔甲的帥氣陽剛裝束
❖ 東寺〈教王護國寺〉（京都府）
地址：京都府京都市南區九条町 1
電話：075-691-3325

〔P.78〕
寶誌和尚立像
從裂開的臉窺見另一張臉的不可思議佛像
❖ 京都國立博物館（京都府）
地址：京都府京都市東山區茶屋町 527
電話：075-525-2473

〔P.54〕
如意輪觀音菩薩坐像
慵懶斜倚露出無聊表情的姿態
❖ 神呪寺（兵庫縣）
地址：兵庫縣西宮市甲山町 25-1
電話：0798-72-1172

〔P.56〕
水月觀音菩薩半跏像
凝望水中月影的苦悶眼神
❖ 東慶寺水月堂（神奈川縣）
地址：神奈川縣鎌倉市山ノ內 1367
電話：0467-33-5100

〔P.58〕
伐折羅大將立像
怒髮衝冠、齜牙以示威嚇的忿怒相
❖ 新藥師寺本堂（奈良縣）
地址：奈良縣奈良市高畑町 1352
電話：0742-22-3736

〔P.60〕
深沙大將立像
打破常規的超肉體美與凶惡神態
❖ 金剛峯寺高野山靈寶館（和歌山縣）
地址：和歌山縣伊都郡高野町高野山 306
電話：0736-56-2029

〔P.62〕
金剛力士像（仁王像）
手執最強武器金剛杵的哼哈力士們
❖ 東大寺南大門（奈良縣）
地址：奈良縣奈良市雜司町 406-1
電話：0742-22-5511

〔P.64〕
釋迦如來立像
體內擁有內臟的生身釋迦像
❖ 清涼寺〈嵯峨釋迦堂〉（京都府）
地址：京都府京都市右京區嵯峨釋迦堂
藤ノ木町 46
電話：075-861-0343

彩繪良品 03

日常手繪修行　描佛・繪心・觀自在

作　　　者／田中ひろみ
譯　　　者／瞿中蓮
發　行　人／詹慶和
總　編　輯／蔡麗玲
執 行 編 輯／蔡毓玲
編　　　輯／劉蕙寧・黃璟安・陳姿伶・李佳穎・李宛真
執 行 美 編／陳麗娜
美 術 編 輯／周盈汝・韓欣恬
出　版　者／良品文化館
發　行　者／雅書堂文化事業有限公司

郵政劃撥帳號／18225950
戶　　　名／雅書堂文化事業有限公司
地　　　址／220新北市板橋區板新路206號3樓
電 子 郵 件／elegant.books@msa.hinet.net
電　　　話／(02)8952-4078
傳　　　真／(02)8952-4084

2017年10月 初版一刷　定價 350元

經銷／易可數位行銷股份有限公司
地址／新北市新店區寶橋路235巷6弄3號5樓
電話／（02）8911-0825
傳真／（02）8911-0801

田中ひろみ Tanaka Hiromi

出生於大阪府的插畫家、散文家。
執筆創作範圍多元廣泛，包含歷史、佛像、神社、詼諧圖文書等。
此外亦兼任奈良市觀光大使、女性佛教團體「丸の内はんにゃ会」代表、讀賣文化中心「江戶『真有其事嗎？』巡禮」講師等，十分活躍。
著有《東京探險指南》（PHP研究所）
《最後的武士！新選組入門》（幻冬社）
《最愛佛像！》（小學館）
《幸福參拜 奈良佛像100》（西日本出版社）
《佛像之美》（ぶんか社）
《田中ひろみ的自我流佛像排行榜》（Media island）
《Q&A入門 日本的佛像》（講談社+α文庫）
《好想親自參拜的日本佛像！》（講談社+α文庫）
《田中ひろみ的神社之行！ 從頭開始的參拜教學》（講談社）
《江戶東京再發現　悠閒速寫散步行》（東京堂出版）
《神社與寺廟的100個不可思議》（偕成社）等。

STAFF

裝 幀 設 計／阿部美樹子
編 輯 協 力／OMEGA Inc.
校　　　對／手島英彰

國家圖書館出版品預行編目資料(CIP)資料

日常手繪修行：描佛.繪心.觀自在 / 田中ひろみ著；瞿中蓮譯. -- 初版. -- 新北市：良品文化館出版：雅書堂文化發行, 2017.10
　面；　公分. -- (彩繪良品；3)
譯自：心やすらぐ仏像なぞり描き
ISBN 978-986-95328-4-6(平裝)

1.佛像 2.佛教藝術 3.日本

224.6　　　　　106017493